Die ZEIT
Zwischen Orangenhainen
und Wolkenkratzern

Für meinen Enkel Frederick

2

Petra Somberg-Romanski

Die ZEIT
Zwischen Orangenhainen
und Wolkenkratzern

Mein Israel in vierzig Jahren Reiselust

FSC
www.fsc.org

MIX

Papier aus ver-
antwortungsvollen
Quellen
Paper from
responsible sources

FSC® C105338

Herstellung und Verlag:
BoD - Books on Demand, Norderstedt
ISBN: 978-3-7534-8281-1

Wer den Orient liebt, der liebt auch seine Küche. Bei Gerichten wie etwa Couscous mit Safran-Huhn, Kibbeh oder Taboule, Salat oder Karniyarik, oder Tahin Eis mit Rosenwasser um nur Einige zu nennen, vergisst man die Zeit und das Kalorienzählen. Der Gaumen genießt und lässt sich verwöhnen.

Die Helden aus dem Märchen Tausendsundeiner Nacht, Sindbad und Ali Baba begleiteten uns durch unsere Kindheit. Und natürlich der Tanz. Er wird hierzulande leider etwas abwertend als Bauchtanz bezeichnet. Der Balady, so heißt diese Tanzrichtung im Nahen Osten ist viel mehr, er ist eine Kunst die viele Jahre intensives Training erfordert, um sie zur Vollkommenheit zu bringen. Es gibt nur wenige wirklich gute Tänzer und Tänzerinnen die diese Leistung erbringen. Eine von ihnen ist Orit Maftsir, eine Israelin. Sie ist mit ihrer Tanzkunst weit über die Grenzen des kleinen Israel hinausbekannt und geschätzt. In Ägypten, Libanon, Syrien und auch Russland und vielen anderen europäischen Ländern ihr Name bekannt. Die Orientalische Tanzszene ist weltweit vernetzt. Große Shows und Tanzfestivals, mit vielen Stars und Sternchen, sind die Highlights für die tanzbegeisterte Zuschauerin, wie mich. Ich tanze selber ein wenig orientalisch und besuche diese Veranstaltungen gern. Viele dieser Events finden in Berlin statt. Ich war gerade wieder beruflich in der Hauptstadt und hatte das Glück eine Karte für eine Show zu bekommen.

So lernte ich Orit Maftsir kennen. Der Auftritt war schon spektakulär. Orit und ihre gesamte Truppe, Musiker, Garderobieren, Maskenbildnerinnen Tontechniker usw. marschierten unter lauter Musikbegleitung in den bis auf den letzten Platz besetzten Zuschauerraum der Urania und ließen sich feiern. Sie trugen allesamt dicke Pelzmäntel, wollene Schals und Handschuhe, auf den Köpfen russische Pelzmützen mit herunter gelassenen Ohrenklappen. Es war November, aber die Truppe hatte den deutschen Winter wohl völlig überschätzt und mit sibirischer Kälte verwechselt. Im Vorbeigehen stellte Orit eine Frage in den Raum. Ich verstehe die hebräische Umgangssprache Iwrit und antwortete ihr einfach, obwohl ich gar nicht angesprochen war. Sie lachte, drehte sich überrascht zu mir um und wir kamen ins Gespräch. So lernte ich Orit Maftsir persönlichen kennen. Wir tauschen unsere E-Mail Adressen aus. Zwei Wochen später erhielt ich von ihr eine Einladung zu Ihrem Tanzfestival in Eilat am Toten Meer. Ende Februar des folgenden Jahres würde es stattfinden.

Vier Tage tanzen, Essen, Spaß haben, in der Sonne liegen und das im Februar. Ein kleiner Auftritt für mich war auch vorgesehen. Es gab nichts mehr zu überlegen und die Vorfreude war riesengroß.

Ich kenne und liebe Israel seit vielen Jahren und ich nahm die Einladung gern an und freute mich sehr.

Leider kann man nicht direkt nach Eilat fliegen, umsteigen in Tel Aviv ist unumgänglich und fliegt dann, entweder mit einem extra Charter Inlandflug ab Ben Gurion Airport weiter oder steigt in einen Leihwagen um über Landstraßen weiterzureisen. Ich wollte mir meine Reisevorbereitungen erleichtern und meine Anreise entspannt gestalten. Das vollmundige Angebot eines großen Touristikunternehmens auf dem entsprechenden Internetportal, erschien doch sehr verlockend. Ich buchte. Eine Woche Eilat mit Hotel, Direktflug, Transfer. Für die Abwicklung zeichnete sich ein Reisevermittlungsbüro mit dem Namen Yilmaz aus Herne verantwortlich. Es folgte ein Telefongespräch mit einer sehr netten, freundlichen junge Dame. „Nein, Näheres kann ich ihnen nicht zu dieser Reise sagen. Ich kenne die Destination Tel Aviv nicht aus eigener Anschauung. Aber mein Chef, der Herr Yilmaz hilft ihnen sicher gern weiter". Ein ebenso netter, freundlicher junger Herr übernahm das Gespräch: „Nein, persönlich aus eigener Anschauung kennen wir Israel als Reiseland nicht. Aber das ist gar kein Problem. Sie sind bei und den besten Händen. Kompetente Fachleute werden ihren Reiseplan zusammenstellen. Ihre Sorge ist unbegründet. Auf jeden Fall klappt es an einem Tag von Düsseldorf nach Eilat zu fliegen. Wir sind Profis. Sie sind bei uns in guten Händen". Er versprach mir, alles sei bereits online abgecheckt, ich könne mich zurücklehnen, man regelte alles für mich.

Zehn Tage vor meinem Flug, eine kurze Mail von Herrn Yilmaz. – *Wir freuen uns sehr, ihnen mitteilen zu dürfen, dass ihre Reise um ca.100 Euro preiswerter ausfalle als berechnet. Für mich sei jetzt doch am ersten Anreisetag eine Übernachtung in Tel Aviv eingeplant. Dann sei die Reise für mich auch nicht so sehr lang und anstrengend. Und über die Kürzung des Reisepreises würde mich doch sicher auch sehr freuen.-*

Nein! Ich freute mich gar nicht. Hatte ich es doch gewusst. Es geht nicht in einem Rutsch. Ich widersprach und siehe da, bekam dann doch den gewünschten Reiseplan. Flug nach Tel Aviv Ben Gurion Airport, Transfer mit dem Taxi zum Flugplatz Sde Dov. Weiterflug nach Eilat.

Sde Dov? Etwa der kleine Strandairport außerhalb der Stadt? Konnte das sein? Wo war denn das noch? Plötzlich klappte in meinem Gehirn ein ziemlich weitzurückliegendes Erinnerungsfach auf.

Ach ja, der kleine Airport ziemlich weit außerhalb vor den Toren der Stadt Tel Aviv. Mein Gott ist das lange her! Eine Sandpiste direkt am Strand. Gebaut für das Militär und kurze nationale Flugstrecken. Gab es den eigentlich noch. Offensichtlich ja. Ich hatte völlig vergessen, dass ich schon einmal von dort zu starten wollte.

*

1973 meine erste Reise nach Israel in das Land meiner Träume. Soeben bin ich angekommen und befinde mich nach der Pass- und Zollkontrolle im unteren Bereich des Terminals des israelischen internationalen Flughafens Lot in Tel Aviv. Ich laufe den anderen gerade angekommenen Reisenden hinterher. Große Schrifttafeln weisen uns den Weg in einen kahlen Raum. Der Charme einer

Lagerhalle empfängt uns. Hier werden die Pass- und Zollkontrollen durchgeführt. Es ist laut und unübersichtlich. Jeder versucht sich vorzudrängeln um, wo auch immer das sein mag, der erste zu sein. Es wird gerufen, geschimpft, auch geschmunzelt, wenn dem Drängler der Koffer aus den Händen rutscht und herzlich gelacht, wenn dieser Koffer sich dabei plötzlich öffnet und Unterhosen und Schlafanzüge plötzlich auf dem Boden verstreut liegen. Schnell wird alles zusammen geklaubt und weiter geht's. Die Männer und Frauen der Pass- und Sicherheitsbehörde blicken streng und kontrollieren gründlich. Pass und Visum, in Ordnung. Bitte weitergehen. Vor vier langen Tischen knubbeln sich die Reisenden. Koffer, Taschen und sämtliches Gepäckstücke werden hoch gehievt, ausgebreitet und von noch strengeren Zollbeamtinnen peinlich genau durchsucht. Wenn die Suche abgeschlossen und alles kontrolliert ist, heißt es schnell, schnell weitergehen. Sie halten den ganzen Verkehr hier auf. Es grenzt an ein Wunder, dass jeder seine Habseligkeiten wiederfindet. Glücklich sein Gepäck sicher in Händen zu halten steht der Reisende jetzt hinter den Tischen. Vor ihm öffnet sich eine Glastür und er verlässt den Raum. Unversehens steht man plötzlich staunend in einer Art Arena unter dem freien Himmel.

Einfache, hüfthohe Holzplatten grenzen diesen Flughafenbereich vom öffentlich zugänglichen Bereich ab. Hinter dieser Holzbarriere hat sich eine große Menschenmenge versammelt. Sommerlich gekleidete Menschen. Eltern, Großeltern, Jungen in kurzen Hosen und kleine Mädchen mit weißen Schleifen an den langen Zöpfen, warten hier mit ihren Eltern und Großeltern auf irgendetwas oder Jemanden. Jeder versucht so nahe wie möglich an den Rand der Arena zu gelangen um einen Blick auf die Ankömmlinge zu werfen. Dicht gedrängt stehen diese Männer, Frauen und Kinder, rufen fröhlich und lachen. Sie halten Blumen oder israelische Fähnchen in den Händen. Einige warten auf ihre Familie oder Freunde aus dem Ausland. Andere kommen einfach mal so zum Airport, um sich die Zeit zu vertreiben und zu sehen wer so alles einreist. Es wird freudig gewinkt und laut gerufen, wenn sie in der Menge die bekannten Gesichter ihrer Lieben entdeckt haben.

Ich werde nicht erwartet, schiebe mich also durch die zähe Menge und finde mich auf einer staubigen, unbefestigten Straße wieder. Mitten in einer Orangenplantage. Orangenbäume soweit das Auge reicht. Die Hände habe ich schützend über die Augen gelegt, denn trotz Sonnenbrille blendet mich das grelle Sonnenlicht. Hinter mir befindet sich das Terminal des israelischen Flughafens Lot, ein flaches Gebäude in einfacher Betonbauweise. Es ist das einzige Gebäude hier in der hellen, weiten Landschaft. Frische, klare Luft täte jetzt gut, aber es ist heiß, staubig und laut. Hier an der Straße soll der öffentliche Bus der Egged Linie halten, der mich nach Tel Aviv bringen wird. Um mich herum warten viele Leute, die ebenfalls gerade aus Frankfurt am Main angekommen sind. Gemeinsam mit mir und den Fluggästen warten auch drei oder vier kleine Gruppen Soldaten und Soldatinnen. Ein Anblick der uns Bundesrepublikanern im Jahr 1973 noch völlig ungewohnt trifft. Lachend und schwatzten stehen sie auf der sonnendurchglühten Sandpiste. Einen festen Busfahrplan gibt es nicht. „Der Bus kommt gleich" hören wir von allen Seiten. Ein paar Autos fahren vorbei, kleine Lastwagen mit Feldfrüchten. Die Soldaten strecken bei jedem Wagen der vorbei kommt sofort den Daumen raus, hält einer der Lastwagen an, hüpfen die jungen Leute behände auf die Ladeflächen. Soldaten werden immer per Anhalter mitgenommen.

Dann endlich, in eine graue Staubwolke gehüllt, nähert sich ein roter Bus mit einem Dachgepäckträger. Der Bus hält mit quietschenden Bremsen, entlässt seine Fahrgäste und wir steigen ein. Die kleinen Fenster sind alle aufgeschoben, es ist drückend heiß im Inneren des Busses. Klimaanlagen in den Fahrzeugen gibt es noch keine. Der Busfahrer hat es eilig und so geht die Fahrt zügig weiter über die unbefestigte Straße und wir werden ziemlich durcheinander geworfen. Neben mir sitzt ein Offizier der israelischen Armee. Seine Augen kann ich durch seine Spiegelbrille nicht sehen, er kaut gelangweilt an einem Kaugummi. Seine Maschinenpistole liegt offen mitten im Gang des Busses. Eine alte Dame bewegt sich langsam und umständlich an den Sitzen vorbei, um sich im hinteren Teil des Busses niederzulassen. Als sie an der Maschinenpistole vorbeikommt, hält sie einen Moment inne und tritt dann ganz gezielt zweimal auf die Waffe. Danach hangelt sie sich weiter. Der Soldat verzieht keine Miene. Es ist Krieg in Israel, nicht alle Menschen sind darüber glücklich.

Der Bus schüttelt uns für eine gute Stunde kräftig durch die sonnenhelle, wunderschöne Landschaft. Durch die endlos üppigen Baumreihen der Citrus Plantagen.

Nach 45 Minuten Fahrt erscheinen, flimmernd wie die Fata Morgana in der Wüste, am Horizont die ersten Häuser. Die Fassaden aus weißem Sandstein strahlen im Sonnenlicht. Vergeblich versuche ich den Kopf durch eines der kleinen Fenster zu stecken, denn die Scheiben sind so schmutzig, dass man gar nicht hindurchsehen kann. Der Wind brennt in meinen Augen und meine Nase schnuppert die würzige Luft. Nach weiteren zehn Minuten erreicht der Bus den Stadtrand und die mit hohen Palmen gesäumten Straßen werden etwas breiter und bequemer. Alte amerikanische Autos überholen knatternd und hupend den Bus und hinterlassen einen strengen Geruch nach Benzin. In den Straßen herrscht ein geschäftiges Treiben. Menschen, sie sehen sich kaum um, eilen dahin. Jeder scheint seinem eigenen ungemein wichtigen Termin hinterher zu hasten. Die Häuser an den Straßen der Vorstadt sehen abgewohnt aus. Die Farben verblasst und die Fensterscheiben blind. Auch die Müllabfuhr erscheint nicht besonders zuverlässig. In fast jedem Haus befindet sich ein kleines Landelokal. Gemüse und Obst, Lebensmittel, Krimskrams, Töpfe. Sommerkleider flattern, über Bügel gehängt, wie Gespenster im Wind.

Buchläden und Silberschmiede. Kleine Buden bieten Fleisch das auf offenem Feuer am Spieß gegrillt und Shawarma genannt wird und Falafel, kleine Bällchen aus Kichererbsen Mehl, an. Man kann alles samt Salat und Gemüse im Fladenbrot mitnehmen und es unterwegs essen. Oder man setzt sich direkt neben der Straße auf einen der kleinen Gartenstühle an ein Plastiktischen, kauft noch ein Getränk dazu, und verzehrt es vor Ort. Das laute Gespräch mit den andern Gästen über die Tische hinweg ist inklusive.

Der Bus biegt um eine Ecke und vor uns liegt der Busbahnbahnhof. Es ist ein weitläufiger Schotterplatz auf dem Bus an Bus steht. Die roten Busse der israelische Egged Linie, mit der man regelmäßig alle Orte in Israel erreichen kann. Will man in die arabischen Gebiete z.B. nach Bethlehem reisen, muss man nach Jerusalem fahren und nimmt dann einen der weißen Busse des arabischen Busunternehmens. Diese Linien fahren dort von einem eigenen Bushalteplatz, der sich hinter dem Damaskus Tor befindet, ab. Sie fahren auch am Schabbat.

Der zentrale Busbahnhof ist auch ein Markt. Fliegende Händler bieten Obst und Gebäck, Tee und kalte Getränke an. Besonders lecker ist der Saft aus frisch gepressten reifen Orangen der an jeder Ecke für ein paar Agurot zu bekommen ist. In flachen Baracken reihen sich die zahlreichen Ticketshops aneinander. Ich bin angekommen in der lebendigsten Stadt die ich je gesehen.

Ich bleibe drei Tage über Schabbat, dem jüdischen Ruhetag, und wohne in einem kleinen Hotel am Dizengoff Boulevard. Dieser Boulevard ist eine sehr verkehrsreiche Straßenbrücke mit einem kleinen Platz in der Mitte. Hier stehen ein paar Bänke um einen Brunnen und laden inmitten des lärmenden Stadtverkehrs zum verweilen ein. Gegen

Abend kurz vor Sonnenuntergang kommen fast ausschließlich alte Leute hierher. Hier treffen sie sich um schwatzend und diskutierend die Zeit zwischen Sonnenuntergang und Abendessen zu überbrücken. Sie genießen die etwas kühlere Abendluft, um dann wieder in ihre drückend schwülen Wohnungen zurückzukehren. Es wird rasch dunkel in diesem Teil der Welt, ohne lange Dämmerung kommt die Nacht. Dann erwacht Tel Aviv erst richtig zum Leben. Die kleinen Ladenlokale an den Straßen sind Neon hell erleuchtet. Nicht nur die Schnellimbisse bieten ihre Spezialitäten an, auch die größeren Restaurant und Bars sind jetzt geöffnet. Gruppen junger Leute, viele in Uniform, ziehen laut diskutierend und lachend in die Kinos oder auf ein Bier in die Bars. Auch der Strand ist noch belebt. Pärchen gehen hier spazieren gehen, suchen sich ein ruhiges Eckchen um zu zweit allein zu sein. Mutige baden noch im Meer, das ist ganz ruhig und der Mond spiegelt sich glitzernd und silbern auf dem schwarzen Wasser.

Auf einem großen Platz neben Strandpromenade stehen für den Spaziergänger Ruhebänke bereit. Hier kann er sich ausruhen und den Abend genießen. Fliegende Händler bieten gebrannte Mandel und gekochte Maiskolben an. Diese nennt man hier, ebenso wie in Österreich, Kukuruz. Man trifft sich hier hauptsächlich am Samstagsabend, wenn der jüdische Ruhetag Schabbat vorbei ist und die Straßensperren in der Nähe der Synagogen aufgehoben sind. Großfamilien mit Oma, Opa, Tante, Onkel und vielen Kindern wandern zum Strand hinunter. Auf dem mitgeschleppten Hohlkohlegrill wird jede Menge Fleisch gebraten und mit Salat und Fladenbrot bei einem üppigen Picknick gemeinsam verzehrt. Es geht fröhlich und sehr familiär zu. Auch die Kleinsten sind bis tief in die Nacht mit dabei. Die Wohnungen in Israel sind klein und stickig, so bleibt man am Abend lange im Freien um durchzuatmen.

Wer nicht an den Strand gehen möchte bleibt im Ort. Jede Stadt hat so einen freien Platz. Die Plätze sind hell beleuchtet und die bunten Lichterketten weithin zu sehen. Man trifft sich. Obwohl die Zeiten unruhig und schwierig sind die Menschen fröhlich und aufgeschlossen. Ja sie zeigen sich, wir sind hier wir gehören hier hin und verstecken uns nicht hinter Verdunkelungen. Eine stolze junge Nation. Jeden Mittwoch und jeden Samstag nach Sonnenuntergang wird hier Musik gespielt und der traditionelle Tanz Hora getanzt. Eine Reihentanz mit vielen Elementen aus der arabischen, osteuropäischen und Balkanmusik, der in Israel zum Volkstanz geworden ist. Jeder kann mitmachen, die Schritte sind relativ einfach. Ein „Vortänzer" der sogenannte Kopf, hebräisch Rosh, führt Figuren an und alle machen mit.

An einem dieser schönen Samstagabende saß ich ebenfalls auf einer Bank an diesem Platz und sah den Leuten beim Tanzen zu. Ein junger Mann in schwarzer Hose und weißem Hemd, unter dem Arm eine Aktentasche ging vorbei, als ein Teil der Tanzwütigen ihn als einen besonders guten „Rosh" erkannte. Lautstark wurde er umringt und festgehalten, er möge so nett sein ein paar Schritte mitzutanzen. Er tat es, weil die Möglichkeit zur Flucht sowieso nicht mehr gegeben war. Er tanzte voran, die Aktentasche immer noch unter dem Arm. Weitere Fluchtversuche und Beteuerungen, er werde noch in seinem Büro erwartet, wurden zurückgewiesen. So führte er zwei Stunden lang die Hora an und konnte dann unter lautem Bedauern, aber auch unter dem   Applaus der Anwesenden entkommen.

Ich blieb nicht in Tel Aviv sondern reiste weiter zu meinem ersten Besuch in Eilat.

Es gab zwei Möglichkeiten mein Ziel zu erreichen, die eine mit dem Egged Midnight Express, der jeden Abend um 00,00 Uhr vom Busbahnhof abfuhr oder mit einer der Propellermaschinen vom Flugplatz Sde Dov. Der Flugplatz lag in Tel Aviv etwas außerhalb der Stadt direkt am Strand. Die Maschinen starteten über eine relativ kurze Startbahn in Richtung Meer drehten ab flogen, dann in einer Schleife zurück über das Land weiter in Richtung Süden.

Ich entschied mich für eine Hinfahrt mit dem Bus und einen Rückflug mit einer der alten Propellermaschinen die 1973 schon so abenteuerlich aussahen, als seien damals schon aus einer vergangenen Zeit. Das Schicksal wollte es anders und aus meinem Rückflug wurde nichts.

Ich konnte damals nicht wissen, dass mein Flugerlebnis erst vierzig Jahre später wahr werden würde.

Eilat war in dieser Zeit ein winziges Nest mit zwei Zufahrtstraßen. Einer aus westlicher Richtung von Tel Aviv aus und einer aus östlicher Richtung von Jerusalem und dem Toten Meer aus. Beide Straßen endeten in dem kleinen Nest Eilat. Viel gab es hier nicht zu sehen. Ein schöner sauberer flacher Strand. Sehr beliebt bei Familien zum platschen und bei jungen Leuten zum Schnorcheln. Sonne und Temperatur immer schön angenehm und gleich bleibend. Es gab nur ein Hotel das etwas komfortabler am Wasser lag. Alle Balkone hatten als Highlight einen Blick auf den Golf von Aqaba. Die Skyline von Aqaba leuchtete jeden Abend hell und verführerisch und suggerierte uns das pralle Leben. Die Eilat Gäste saßen auf ihren Balkonen und träumten vom Nachtleben im nahe gelegen und doch so unerreichbaren Jordanien. Zwanzig Jahre später blickte ich selbst sehnsuchtsvoll, von dem mehr als trostlos langweiligen Strand in Aqaba in Richtung Eilat und sah dort die neu gebauten Hotels und die hellen Lichter. Ich war mir sicher dort tobt das pralle Leben im damals, für jordanische Gäste, noch unerreichbaren Israel.

Die Kupferminen von König Salomon nahe Eilat muss man gesehen haben. Sehr einfach zu erreichen. Die ca. 20 Kilometer von Eilat nach Timna sind mit dem Bus locker zu bewältigen. Im Jahr 1973 war die Kupfermine noch voll aktiv in Betrieb und die Bus Anbindung dementsprechend gut. 1976 schloss die Mine dann doch endgültig ihre Pforten.

Die paar hundert Meter zu der Stelle, die als Minen König Salomons bezeichnet wurden, wanderte man zu Fuß und suchte hier nach den Resten des ägyptischen Hathor Tempels, der hier ebenfalls einmal war.

Es ist unbarmherzig heiß in Timna. Ohne jegliche Schutzmöglichkeit gegen die pralle, brennende Sonne kommt der Besucher leicht an seine Grenzen. Ein Regenschirm ist ein nützliches Utensil bei Regen und unschlagbar als Sonnenschutz. Ich nutze ihn seit Jahrzehnten für alle diese Zwecke und ernte manchmal ungläubige Blicke. Heute hat sich der Regensonnenschirm durchgesetzt. An den unterschiedlichsten Orten der Welt wird er heute von vielen Menschen genutzt. Ich hätte ein Patent beantragen sollen.

Eine touristische Vermarktung des Minen Areals gab es noch nicht, alles lag frei zugänglich, aber auch ohne jegliche Infrastruktur für Bequemlichkeit vor uns. Das Spannende der Anlage lag noch unter Geröll im Boden. Wir hatten nicht nicht den richtigen Blich dafür.

Ich habe den nächsten Bus zurück nach Eilat genommen.

Zu meinem geplanten Rückflug nach Tel Aviv kam es dann doch nicht mehr. Am 06. Oktober 1973 am höchsten jüdischen Feiertag Yom Kippur griffen Soldaten aus Ägypten, Syrien und andern arabischen Staaten, auf dem Sinai, in Syrien und dem Golan, Israel an. Die Menschen wurden überrascht, niemand hatte damit gerechnet. Ich befand mich immer noch in Eilat, machte mich aber sofort auf die Socken um schnellmöglich nach Tel Aviv zu kommen. Viele Menschen waren in den Straßen und versuchten Informationen zu bekommen. Was war geschehen? Würde es Luftangriffe geben? Familien wurden eilig zusammengerufen. Flüge von Eilat nach Norden waren nicht mehr zu bekommen. Ich wollte schnellstmöglich zurück nach Deutschland bevor auch der Flughafen Tel Aviv geschlossen würde. Und so nahm ich den ersten Bus zurück nach Tel Aviv. In den Straßen Tel Avivs war das Militär unübersehbar und es vermittelte auch das Gefühl relativer Sicherheit, aber der Überraschungsangriff traf Israel unvorbereitet, die Angst war bei allen Menschen zu spüren.

Ich verabschiedete mich von Freunden und Familie in Tel Aviv und der Egged Bus brachte mich mit den anderen Fahrgästen wieder in den Wendehammer am Flughafen Lot. Die Sicherheits- und Passkontrollen glichen der Einreise. Auf den großen Tischen wurden wieder alle Koffer hochgelegt, geöffnet und durchgesehen. Dann wurde man weitergeschickt und der Nächste kam dran. Ein Gewusel von Menschen, wieder ungeordnet und sehr laut. Jeder versuchte immer und überall der erste zu sein. Das dauert natürlich etwas länger. Der Rückflug nach Deutschland machte keine großen Probleme. Aber die Stimmung bei diesem Abschied war nicht so fröhlich wie bei der Ankunft. Niemand wusste, wann und ob wir wiederkommen.

Über dem Eingang war, auf der ganzen Breite der Abflughalle, ein Schild angebracht. Die Cartoon Figur Srulik des Karikaturisten Kariel Gardos, die zum Symbol für den Staat Israel geworden ist, winkte in Großformat und rief den Abreisenden. „Hurry back? We miss you already" zu.

Ich habe Israel auch sofort vermisst.

Als diese heiße Kriegsphase am 24. Oktober endete hatte Israel sich sehr verändert. Die Leichtigkeit des Lebens war noch nicht ganz erloschen, aber der Glaube an die Unbesiegbarkeit und Unverwundbarkeit war der nüchternen Realität gewichen

*

Das war vor 40 Jahren. Jetzt war ich aus meinem Traum zurück. Ich nehme das

Reiseangebot an und würde schauen was jetzt so auf mich zukommt.

Seit dem Jahr 1973 war ich noch sehr oft in Israel, es ist mein zweites Zuhause geworden. Das Land hat in diesen Jahrzehnten eine rasante Entwicklung genommen und sich stark verändert. Die Anreise nach Tel Aviv ist wie allen Jahren zuvor, immer noch sehr anstrengend und zeitintensiv. Zweieinhalb bis drei Stunden vor Abflug sollte man spätestens am Flughafen sein, um die umfangreichen Sicherheitskontrollen zu durchlaufen. Danach wird man im Transitraum erschöpft in einen Sessel fallen. Geschafft! Gott sei Dank keine übereifrigen Beamtinnen, wie auf einer Reise, die ich im Jahr 1986 mit meinem Sohn Uwe unternommen hatte.

*

Wir hatten wunderschöne Wochen in Netanya verbracht. Das Strandleben genossen. Im Meer gebadet. Mit einem Mietauto erkundeten wir das Land. Von Galiläa durch das grüne Hula Tal am Fluss Jordan entlang. Wir probierten den hervorragenden Wein. Weiter ging es bis ans Tote Meer. Das übliche Foto im Wasser des Toten Meeres liegend mit der Zeitung in der Hand musste natürlich auch sein. Unvergessen auch die Treffen mit Freunden und die Sonnenuntergänge, mit einem Cocktail in der Hand, am Strand von Tel Aviv.

Bei der Rückreise hatten wir uns, angesichts der Menschenmassen vor den Kontrollschaltern geeinigt, getrennt durch die Kontrolle zugehen. Wer als erster den Transitraum erreicht, würde schon einen Kaffee und etwas zu essen ordern. Hinter mir baute sich ein deutsche Ehepaar ebenfalls mit erwachsen Sohn auf. Drei Kofferwagen vollbeladen. Natürlich landete einer der Kofferwagen in meinen Hacken. Für meinen Schmerzaufschrei und meiner vielleicht etwas unsachliche Bemerkung zu diesem unhöflichen Umgang, bekam ich die volle Empörung der deutschen Seite ab. Man habe ja wohl genug Zeit und warum ich denn so eilig aus der Kontrolle wolle. Ich weiß nicht mehr, welcher Teufel mich in diesem Moment geritten hat, ich hätte es doch wirklich besser wissen müssen. Plötzlich hörte ich mich sagen: „Ja das liegt daran, dass ich eine gefährliche Terroristin und Bombenlegering bin." Es wurde augenblicklich Mucksmäuschen still am Kontrollplatz und ich hätte mich geißeln, Ohrfeigen und mir selbst in den Hintern treten können. Wie kann man nur so blöd sein. Heute bekäme ich für derartigen dummen Schabernack bestimmt eine ziemlich empfindliche Strafe. Aber hier herrschte erstmal nur stummes

Unverständnis. Ich sah aus den Augenwinkeln meinen Sohn der gerade mit seiner Kontrolle, natürlich ohne Beanstandungen, fertig war und sich ohne umzusehen in Richtung Gate davon machte. Niemand kam auf die Idee, dass er zu mir gehören könnte. Vor mir stand jetzt eine junge israelische Sicherheitsbeamtin die genau wusste, wie man mit Typen meiner Kategorie umgehen muss. Man war in dieser Zeit besonders aufmerksam, denn gerade in den letzten Tagen hatte es ununterbrochen Artilleriebeschüsse aus der Richtung des Libanon gegeben. In den Nächten waren wir immer wieder durch Schüsse und Detonationen geweckt worden. Die Anspannung war schon zu spüren obwohl das Leben weiterging. In der Nacht vor unserer Rückreise konnte ich nicht gut einschlafen und so stand ich auf dem Balkon, schaute dem Feuerwerk am Himmel zu und mir war schon mulmig.

Bis ich auf dem Parkplatz vor dem Haus zwei Männer bemerkte, die sich um einen Parkplatz stritten. Am Himmel tobte der Krieg aber diese Beiden hatten ein eigenes sehr wichtiges Problem, ein „Parkplatz Probleme", zu klären. Mit der Gewissheit, dass das Leben weitergeht legte ich mich wieder ins Bett und schlief, mit den Kriegsgeräuschen die wie Feuerwerk klangen, ein. Am nächsten Tag war die Stadt voller Blauhelmsoldaten die eine gewisse Ruhe vermittelten. Trotzdem war alles und Jeder in Alarmbereitschaft. Besonders am Airport. Die Devise lautete, wehret des Anfängen und genau aufpassen. So traf es mich bei meiner Ausreise. Ich wurde nach meiner zutiefst dummen Bemerkung umgehend aus der Menge gelotst und hörte hinter mir in deutscher Sprache noch „Ist doch ganz klar, dass da was nicht in Ordnung ist habe ich sofort gemerkt. Gut dass hier so genau kontrolliert wird". Aus gegebenem Anlass biss ich mir auf die Zunge und enthielt ich mich einer weiteren Erwiderung. Ich folgte wortlos dem Sicherheitspersonal. Die Befragung, die jetzt etwas abseits erfolgte erscheint mir auch jetzt aus der Distanz heraus, immer noch als Bedrohung und rechtsstaatlich völlig überzogen. Ich wurde regelrecht verhört und alles was ich sagte wurde mir im Mund herum gedreht. Mein Koffer ausgekippt und getrennt vom Inhalt durchleuchtet. Mein deutscher Pass wurde sofort einbehalten und angesichts meines Geburtsortes wurde ich immer wieder gedrängt und genötigt, doch endlich zu sagen warum ich als eine, in einer arabischen Stadt geborene Frau, ausgerechnet nach Israel gekommen bin. Was ich dort gesucht und getan hätte. Mein Geburtsort wurde heiß diskutiert und war dann für die Damen und Herren der Sicherheitskontrolle schlussendlich auch der einzige Punkt mich weiter festzuhalten. Die Stadt meiner Geburt in meinem Pass lag, nach der Meinung der Beamtin, eindeutig im Libanon. Das machte mich mehr als verdächtig. Ich wusste keinen Rat und hatte keine Erklärung, warum ich gerade ich dieser Stadt geboren wurde. Es gab kein Entrinnen. Plötzlich erschien eine Flugbegleiterin mit meinem Uwe im Türrahmen zum Transit, also auf neutralem Boden, ihre knappe Ansage lautete die Maschine sei startklar und fliege in zwei Minuten ab, mit oder ohne mich. Darauf setzte ich mich auf meinen jetzt leeren Koffer und rief Uwe zu ihm solle jetzt mitfliegen und in Frankfurt sofort seinen Vater anrufen. Die Polizei müsse darüber informiert werden, dass seine Mutter in Tel Aviv festgehalten wird. Dann habe ich geschwiegen und wollte auch gar nichts mehr aufstehen. Ich war mir sicher jetzt verhaftet zu werden. Aber nach erstem Erstaunen und kurzem Beraten der

Sicherheitsleute bekam ich meinen Pass zurück, konnte meine Habseligkeiten wieder zusammenkratzen und durfte weitergehen. Als letzter Fluggast betrat ich die Maschine. Hier war es merkwürdig still. Nur ein junges Mädchen fragte mich, was es denn dort mit der Kontrolle auf sich hatte. Sie sei zum erstmal in Israel gewesen und habe sich sehr wohl gefühlt und wollte auch gern wiederkommen. Jetzt war sie aber doch unsicher geworden. Ich habe ihr geraten auf jeden Fall wieder hier her zu kommen. Israel ist ein tolles Land und die (immer noch) einzige Demokratie im ganzen Nahen Osten. Bei aller Strenge der Beamtinnen kann man sich auf den Rechtsstaat verlassen und es ist doch das schönste Land der Welt.

Ach Übrigens, ich bin in Gelsenkirchen, im Ruhrgebiet geboren.

*

Jetzt im Jahr 2012 saß ich wieder am Flughafen, in dem extra winzig gehaltenen Transitraum. Hier kann man die Menschen besser kontrollieren und beobachten. Ich wartete geduldig bis eine Durchsage zum Einsteigen aufforderte.

„Der israelische Schriftsteller und Satiriker Ephraim Kishon hat bereits in den 60ger oder 70ger Jahren in einem seiner Bücher eine Flugreise von Frankfurt nach Tel Aviv beschrieben. Die El Al Fluggäste wurden auch damals schon in der hinteren Ecke der Halle, in einem mit Flatterband abgesperrten Areal gesammelt. Sie durften dieses nicht verlassen, falls doch wurden alle demütigenden Koffer- und Personenkontrollen erneut durchgeführt, oder man war sofort raus. Der geneigte Fluggast in Richtung Damaskus oder Dubai hingegen ging ganz offen durch die Halle, gefolgt nur von seinen Frauen

und seiner vielköpfigen Familie. Unbehelligt von Polizei und Sicherheitskontrolle.

Mittlerweise wird aber jeder Flugreisende mit intensiven Sicherheitskontrollen konfrontiert und gibt auf der ganzen Welt kaum Unterschiede. Für den Israelreisenden hat sich seitdem nicht viel verändert. Immer noch warten sie demütig in der Ecke hinter dem Flatterband auf ihren Check In und Abflug. Dann, nach 3 1/2 Stunden Flug betritt man die Ankunft Halle des neuen Flughafens International Airport Ben Gurion Tel Aviv. Ein rundes Gebäude, gebaut um einen riesigen Springbrunnen dessen Fontäne in dreistöckige Höhe aufsteigt. Im unteren Bereich des Gebäudes befinden sich die Abflug Gates. Diese sind in alle vier Himmelsrichtungen angelegt. Umgeben von Duty Free Läden, Imbissen und allem möglichen weiteren Kram wartet der Reisende hier in einem bequemen Sessel auf seinen Flug. Oder er durchstöbert noch kurz vor seinem Rückflug das Warenangebot in den Geschäften um sich, noch unbedingt mit dem Allernötigsten oder völlig Unnützem, einzudecken. Auf halber Höhe der Rotunde führt eine breite Galerie rundherum an den Wänden entlang. Die hohen Glasfenster geben die Blicke auf den Abflugbereich im Erdgeschoss frei. Hier, auf der Höhe eines ersten Stockwerkes, kommen die Fluggäste an und erreichen über diese Galerie die Passkontrolle. Ich habe sie noch nicht gezählt, aber der Ankömmling kann sich an einer schätzungsweise fünfzig oder mehr Kabinen anstellen und auf die Kontrolle seines Passes warten. Das geschieht immer noch akribisch genau und dauert auch deshalb etwas länger. Ich habe nie herausgefunden warum, aber meist geht es genau an der Schlage in der man selbst steht am langsamsten voran. Erstaunlicherweise ging es bei dieser Reise sehr schnell, denn ich hatte ein Empfehlungsschreiben von Orit Maftsir mit dabei und die Zollbeamtin wies mich ohne große Kontrolle durch. Sie lächelte dazu, nicht ohne mir ein bisschen neidisch viel Spaß beim Bauchtanzen zu wünschen. Sie tanze selbst auch und wäre sehr gern in Eilat dabei. Die Kofferausgabe ist in diesem neuen, modernen Airport sehr weit vom Gate entfernt. Laufen muss man nicht unbedingt. Rollbänder bringen die Menschen ohne Anstrengungen durch die Gebäude, die in den Farben des gelben Sandsteins gehalten sind, der auch die Stadt Jerusalem im Sonnenlicht golden strahlen lässt.

Mein Koffer lag auf dem Laufband und hatte schon ein paar Runden gedreht, bevor ich am Band ankam. Das Taxi war ja bereits vorbestellt und stand bereit mich umgehend nach Sde Dov zu bringen sollte. Es dauerte schon etwa zehn Minuten, nur um den Airport überhaupt zu verlassen zu können. Man durchquert die eigene Flughafenstadt mit Hangars Containerhallen, Bürokomplexe und verlässt dann, über eine autobahnähnliche Zubringerstraße das Flughafengelände. Ohne nochmalige Kontrolle aller Fahrzeuge und ihrer Insassen geht es auch hier nicht. Die Fahrt ging weiter auf der gut ausgebauten, aber gebührenpflichtige Autobahn. Orangenhaine sieht man weit und breit keine mehr. Nur Straßenschluchten vorbei an Hochhäusern aus Stahl, Glas und Beton. Die Stadt ist an den Airport herangewachsen, hat ihn aufgesaugt. Israel ist ein kleines Land, die Flächen sind begrenzt, also baut man seit Jahren nicht nur in Breite sondern auch in Höhe. Die Fahrt in das Zentrum dauert aufgrund der Rushhour länger als vor 40 Jahren. Wir steuerten auch den

Busbahnhof an, um noch einen Fahrgast aufzunehmen. Den Schotterplatz gibt es nicht mehr, der neue Busbahnhof ist ein riesiger fensterloser Betonklotz mit sieben Stockwerken. Um die 80000 Menschen werden hier täglich durchgeschleust und fahren in alle Städte Israels.

Neben den Bushaltestellen und einem Bahnhof für die Zuglinien ist das Gebäude auch eine Einkaufs-Mall mit 1500 Geschäften und sehr teuren Angeboten. Geschäftsideen für jeden Geschmack und Geldbeutel. Viele davon sind aber längst pleite und stehen leer. In den unübersichtlichen Ecken hat sich eine eigene Subkultur angesiedelt. Für Menschen außerhalb der Gesellschaf, illegale Migranten, Künstler oder die, die sich dafür halten. Hier haben sie sich zusammen gefunden und die Betongänge als ihren eigenen Lebensraum besetzt. Eine unheimliche und bedrohlich erscheinende Welt die aber trotzdem so faszinierend erscheint, dass sie in den Reiseführern beschrieben wird. Es werden öffentliche Führungen angeboten und von neugierigen Touristen genutzt. Hier wird man durchgeschleust, um sich einmal so richtig gruseln zu dürfen.

Unsere Fahrt ging weiter über die Stadtautobahn bis ich ein kleines Schild Airport Sde Dov sah, das war mir in den letzten Jahren gar nicht mehr aufgefallen. Ich hatte immer angenommen er existiere schon gar nicht mehr. Der Name geht auf den israelischen Flugpionier Dow Hoz zurück dessen IATA Kürzel SDE war. Der Flugplatz liegt nicht mehr außerhalb der Stadt sondern mitten drin, umringt von mehrstöckigen Wohngebäuden. Das Taxi hielt vor einem einfachen Flachbaupavillon aus den 60er Jahren und der Fahrer ließ mich aussteigen. Durch eine einfache Fliegengittertür betrat ich die Abflughalle und befand mich plötzlich in einer anderen Welt. Direkt hinter dem Eingang zwei Abfertigungsschalter hinter denen echte Menschen saßen. Einfache Anzeigetafeln über den Schaltern zeigten Abflüge in Richtung Eilat, Rosh Pina und Ein Yahav. Die Buchstaben waren von Hand auf den Tafeln aufgesteckt. Die genannten Orte sind eine kleine Siedlung und ein Moshav im Norden Israels. Die Schalter waren geöffnet und die Fluggäste checkten ihr Gepäck ein. Alles ging ruhig und locker vonstatten. Ca. alle zwei Stunden wurden die Fluggäste per Durchsage an das Ende der Halle zu einer Tür gebeten und die Gäste traten auf das Flugfeld um in einem alten Bus zu steigen, der sie zu ihrer Maschine brachte. Dieser Bus hatte bereits kurz vorher die ankommenden Gäste herangefahren und diese verließen durch einen extra Ausgang am anderen Ende der Halle das Gelände. In einer Art Veranda nahmen sie von einem ca. 1.50 langen Transportband, ihre Koffer entgegen. Diese wurden gleichzeitig mit den Fluggästen von einem Mitarbeiter, auf einem Bollerwagen, herangefahren und auf das Band gehoben. Eine weitere Mitarbeiterin kontrollierte noch einmal die Tickets. Dann verschwanden nacheinander alle Gäste durch die Fliegengittertür in Richtung Straße, zu den Taxen. Die Mitarbeiterin zog vor der Veranda ein Gitter herunter und für die nächsten Stunden war hier nichts mehr zu sehen. Ich war viel zu früh vor Ort und musste geschlagene drei Stunden warten was nicht so erfreulich war. Außer einem winzigen Schalter an dem man Kaffee bekommen konnte, gab es hier nichts weiter zu meiner Abwechslung. Dann endlich wurde mein Flug aufgerufen. Ich trat an die Tür, eine freundliche Stewardess kontrollierte mein Ticket und ich durfte den kurzen Weg zu dem klapperigen Bus gehen und

48

einsteigen. Die Abflug und Landebahn liegen immer noch lang gezogen direkt am Strand. Es dauerte ein Weilchen bis wir uns über die gesamte Startbahnlänge durch den Sand gearbeitet hatten, der sich auf den Rollfeldern ausgebreitet hatte. Dann ich konnte es kaum fassen, Tränen der Rührung rollten mir die Wangen herunter. Was dem Auge von der Abfertigungshalle aus verborgen geblieben war, hier stand es. Ich weiß es nicht mehr genau, ob es sich hier um eine Dash 8 von Bombardier oder eine Fokker Turboprops handelte, vor mir standen die Propeller Maschinen, unverändert wie in meiner Erinnerung vor vierzig Jahren. Die Flugzeuge waren nicht sehr geräumig, aber da nur acht Personen mit flogen, war Platz genug. Zwei Stewardessen begrüßten uns freundlich und begleiteten uns zu unseren Plätzen. Ich folgte aufmerksam allen Anweisungen, stumm vor Glück.

Anschnallen bitte, Sicherheitshinweise, alles wurde persönlich von den Damen angesagt. Danach gab es ein Bonbon zum Lutschen, gegen den Druck in den Ohren. Dann rollte die Maschine zur Startbahn, polterte los und hob mit Ohren betäubenden Propellerlärm ab in Richtung Meer. Sie flog eine große Runde über dem Wasser drehte um, über ein zur Megapolis in die Höhe und Breite gewachsenes Tel Aviv, in Richtung Süden weiter zu fliegen. Die Flugdauer beträgt ungefähr eine Stunde. Die Zeit verging rasch mit einem Snack und Getränken gereicht von den netten Stewardessen.

Auch Eilat hat sich verändert, alle Straßen sind jetzt gepflastert und es ist viel sauberer als in Tel Aviv. Große Hotels lassen keine Komfort Wünsche offen. Eine große Eislaufbahn mitten in einer Einkaufs Mall lässt mitten in der Wüste den Winter erfühlen. Der Strand ist flach und das immer warme Wasser lädt wie eh und je zum Baden und Schnorcheln ein. Mitten im Ort steht ein großes Einkaufszentrum mit Waren aller Art und aus der ganzen Welt. Essen kann man hier zu jeder Tageszeit.

Aber an der Strandpromenade öffneten sich jeden Abend bei Sonnenuntergang auf 1,5 km Länge, kleine Buden mit Krimskram, Kitsch und Kunst. Früchte und Imbisse und Süßigkeiten. Ein kleiner Bazar mit Kirmes. Fast so, wie in vergangenen Tagen in den Straßen von Tel Aviv. Ich bin sehr gern nach dem Abendessen an dieser Promenade auf und ab gegangen und habe den Kindern auf dem Karussell und den Leuten auf dem Riesenrad zugesehen.

Jetzt habe ich gehört, dass die Stadtverwaltung vor etwa drei Jahren alle Buden hat entfernen lassen. Die Besucher sollen ihr Geld nun ausschließlich in den teuren Läden der neuen Einkaufspassage ausgeben. Ich finde das sehr schade, ein Stück

Lebensgefühl ist unwiederbringlich dahin.

Die Woche in Eilat verging zu schnell. Das Orientalische Tanzfestival an dem immer fast 500 Frauen teilnehmen ist immer eine Zeit mit viel Bewegung, Freude und gutem Essen und ebenso wenig Schlaf. Workshops und abendliche Galashows. Spaß und gute Gespräche am Pool. Mit Vielen Eindrücken und neuen Freundschaften im Gepäck trat ich meine Heimreise an. Diese verlief reibungslos und zügig. Bis auf die Tatsache, dass mein Reiseleiter mich am Morgen meines Rückfluges einfach im Hotel in Eilat vergessen hatte. Den Weg zum Flughafen Ben Gurion musste ich in eigener Regie. Das fiel mir aber nicht schwer, ich kenne mich doch ganz gut aus, in dem Land das mir das Liebste ist und in das ich immer wieder zurückkehren werde.

Ich habe es dem Reiseunternehmen nicht sehr übel genommen und mich nicht weiter beschwert. Ein ungewolltes, aber unbezahlbares Highlight in meinem Programm, hat mir die Reise unvergesslich gemacht. Das wäre ohnehin nicht zu buchen gewesen.

Eine Reise in die Vergangenheit.